Geständnisse
einer*s Liebenden

Yassamin – Sophia Boussaoud

Für dich.

Nichts kann meine Liebe für dich je ermessen. Solange ich bin, werde ich dich lieben. Das steht fest.

M.

~ Merkur

Und wir sind uns begegnet

Als der Merkur sich zurückbewegte.

Wir sind uns begegnet und ich bin dir
verfallen, schneller als ich es

begreifen konnte.

Schneller als du es verstehen konntest.

Wandel und Chaos. Du und ich.

Im ständigen Wechsel.

So herrlich alt.

So unendlich neu.

Geschichten wie unsere

erzählt der Wind.

Wir sind uns begegnet.

Und es war entschieden.

~ Venus

Voller Hingabe.

Sehe ich dir zu.

Wie du liebst.

Und ich könnte nicht glücklicher sein.

Weil deine Liebe so rein ist.

Voller Hingabe,

ergebe ich mich meinem Schicksal.

Und ich könnte nicht trauriger sein.

Denn nicht ich bin es, di*en du liebst.

Voller Hingabe,

zerbricht mein Herz.

Ist das die Liebe?

~ Erde

Wir wandern umher.

Auf der Suche.

Nach einander und uns selbst.

Auf der Suche nach dem Sinn.

Und ich glaube ich war mir noch nie

So sicher. So unsicher.

Unsere Wege mussten sich kreuzen.

Unsere Herzen sich berühren.

Und doch sind wir Fremde.

Auf dieser endlichen Reise.

Und doch sind wir Fremde.

Unsere Fußspuren im Sand

verweht der Wind.

~ Mars

Ich will dich halten.

Und will dich anschreien.

Weil du mich nicht sehen kannst.

Mich nicht berühren kannst.

Ich will unter deine Haut.

Mein Wille bleibt ungeschehen.

Mein Leib unberührt.

Und ich verbrenne.

Mein Herz steht in Flammen.

Mein Körper wie Wachs.

Blutrote Tropfen

auf perlweißen Steinen.

Begehren. Unerfüllt.

Dein Wille geschehe.

~ Jupiter

So verhalten das Glück sich uns
widersetzt, so energischer unsere Worte.
Wir sprechen die Sprache des anderen
nicht, zwischen uns sind die Tore der
Torheit und Einfalt,

der Uneinigkeit.

Doch auch der Gerechtigkeit Tugend.

Und ich höre dich winken und rufen.

Doch ein einz´ger Apfel den Hunger nicht
stillt. Ein einz´ger Kuss den Kummer nicht
heilt.

Und die Götter, die uns haben
zusammengeführt, sie lieben ihr

allgewaltiges Spiel.

~ Saturn

Du hast mir den Mut der Sterne gelehrt.
Das Nachhallen ihres Erlebens.

Den Mut zu lieben, ewiglich.

Obgleich der Kummer das Herz zerbricht.

Du hast mir gelehrt, das Verlassen zu
achten und dem Schweigen die Macht zu
entziehen.

Du hast mich gelehrt, dass die Liebe mehr
ist als ein flücht´ges Triebgefühl.

Du hast mich gelehrt.

Und ich nehme dich an.

Du hast mich.

Ich dich.

Nicht.

~ Uranus

Chaos und Wandel. Revolution.

Unsere Geister im ständigen Zwiespalt.

Ich zerfalle. Baue mich auf.

Du hältst an deinem Glauben fest.

Ich weine. Du fühlst dich unerwartet stark
in deiner Annahme, ich wäre nicht
begehrenswert.

Für dich. Nur für dich?

Mein Körper, mein Geist, meine Seele.

Unberechenbar.

Vom Greifbaren verschont.

Verschone mich.

Mit deiner Trägheit.

Revolution. Zwischen uns?

~ Neptun

Du bist meine Quelle.

Des Guten und die meiner Schwäche.

Bei dir vergesse ich was diese Welt in mir
sieht und mich selbst, wenn ich nicht
daran festhalte,

dass ich verdiene gesehen zu werden.

Geliebt und berührt mit Begehren.

Mein Reiz ist wie der, den das Wasser dir
gibt. Leichtigkeit, fließende Kraft.

Doch das Wasser di*en Wohlgenährten
nicht reizt.

Vielleicht bin ich der Regen, den viele
verschmähen, bis sie fühlen können, seine
lebendige Kraft.

~ Pluto

Ich beuge mich meinem Schicksal.

Dich ewig zu lieben, zu begehren und dir zu verzeihen. Immer und immer wieder und wieder.

Meine Hingabe ist die der Ewigkeit.

In höchster Ergebenheit folge ich der Liebe und lasse sie frei.

In höchster Hingabe fühle ich.

Und meine Seele glaubt an dich.

An uns und an ihr Erahnen.

Geschichten wir unsere erzählt der Wind. Die Geschichten unserer Ahn*innen.

~ Ein Brief an den Mond

Es ist sieben Monde her, dass ich dir bin verfallen. Sieben Monde und die Ewigkeit davor. Meine Seele dich kannte, ehe mein Auge dich sah.

Mein Herz dich umarmte, ehe du warst. Mein Körper sich nach dir sehnte, ehe wir uns trafen.

Und ich bitte den Mond um seine Kraft die Sonne um ihre Wärme.

Ich bitte den Mars um seine Macht, all die Götter des Himmels und der Erde.

So stehe ich vor euch, dem Monde zugewandt und erbitte um eure Gnad.

Ich gestehe, ich bin ein*e Liebende*r.

Ich gestehe, ich bin verloren.

Oh Mond*in ich bin dein wandelndes Kind. Ich bin das Chaos und sie ist der Wandel.

Und ich bin also liebe ich.

Den Wandel.

~ Gedanken an die Sonne

In dir liegt die unendliche Kraft.

In dir liegt das Wunder des Lebens.

Du brennst, hast diese ehrbare Macht.

Schenkst mir Entfaltung, kreierst die
Nacht. Du bist wahrhaftig Erleben.

Bist di*er Freund*in des Mondes und
zeigst ihm das Licht.

Und er betet dich an. Ewiglich.

Zeigt dir Liebe durch stetigen Wandel.

Du bleibst ihm entfernt und du siehst
seine Qual. Du bleibst ihm entfernt und er
weiß nicht woran, es liegt.

Denn er versteht nicht die Gesetze der
Anziehung und des Abstands.

Doch er betet dich an.

Ewiglich.